I0457149

COMMENT DEVENIR UN HOMME NOIR ACCOMPLI

Ecrit par **Docteur Daniel Laroche**
Illustré par **James Christy Bazile**
Livre traduit en français par **Elhadji M.Diop**

Publié par le docteur Daniel Laroche
49 Ouest sur la 127e rue
New York, NY 10027
dlarochemd@gmail.com
librairie du congrès numéro de contrôle : 2021908895
ISBN 979-8-9851110-2-6
Publié aux Etats Unis

REMERCIEMENTS

Je voudrais remercier mon défunt père Daniel Laroche MD Sr originaire de Port-au-Prince Haiti et ma mère Lise Beaulieu Laroche originaire de Montreal Canada pour leur amour et leurs conseils tout au long de ma vie pour me donner les meilleures opportunités de réussite. J'aimerais aussi remercie les défunts docteurs Ivan Van Sertima, John Henrik Clarke, Yosef Ben Jochannam. Leurs savoirs sur les origines africaines, la spiritualité, la science, la culture ont été de véritables sources d'inspiration pour mon succès et ma connaissance de soi. Si vous n'avez pas encore lu leurs travaux, je vous le recommande fortement. J'aimerais aussi remercier les enseignements savants de Jabari et Anika Osaze avec Le tombeau de MAAT pour la reconstruction de l'héritage Kemet. Enfin, je tiens à remercier mon épouse Marjorie et mes enfants Ariel et Gabrielle pour leur amour et leur soutien. Puisse ce livre être le début de voyage vers de plus amples connaissances concernant la glorieuse histoire de la vallée du Nil, du Kemet et de Koush et intègre l'apprentissage de nos ancêtres dans nos succès personnel et social.

Je suis le roi Menes. J'ai vecu 3000 ans avant JC. Je suis le premier roi de Kemet et Kush actuellement connu sous le nom Egypte situe en Afrique et qui uni le nord et le sud en un royaume. C'est important de connaitre son histoire et sa valeur.

SAVIEZ-VOUS QUE L'AFRIQUE EST LE BERCEAU DES CIVILISATIONS?

Nous sommes tous les descendants d'une femme noire nommée lucie qui venait de l'actuelle Éthiopie, anciennement connu sous le nom de Kemet et Kush.

- La civilisation a émergé en Afrique il y a 200 000 ans.
- Il y a 150 000 ans les populations ont commencé à quitter l'Afrique pour peupler le reste du monde.
- La fonte des glaciers a permis la migration.
- La science la technologie la religion et la vie ont vu jour en Afrique.
- Tout le monde a dans son ADN un pourcentage qui vient de l'Afrique.

LES NOIRS ÉTAIENT LES ROIS DE LA VALLÉE DU NIL ET DU KEMET ET SONT LES LEADERS D'AFRIQUE AUJOURD'HUI

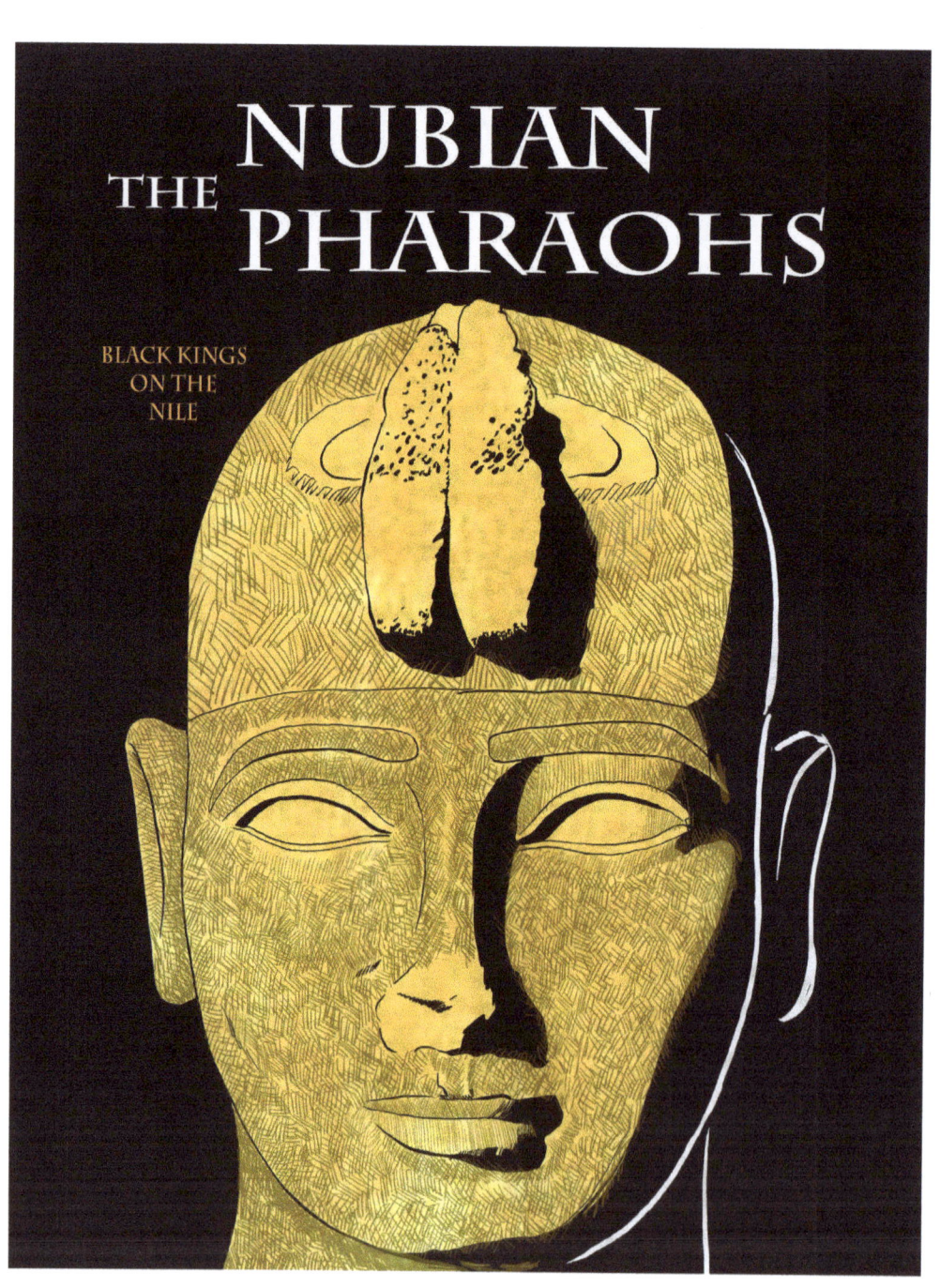

LA RELIGION EST UNE PARTIE IMPORTANTE DE LA SOCIETE ET ELLE EST ORIGINAIRE DU SYSTEME DE CROYANCE ET DE SPIRITUALITE AFRICAIN

- Amun (Amen) était le nom originel du puissant dieu en Afrique.
- La première Trinité était Osiris, Isis et Horus.
- Elle a évolué au Judaïsme et au Christianisme.

Auset
Isis
La vièrge Mari

Ausar
Osaris
Saint Esprit

Heru
Horus
Jésus

• Akhenaton était le fondateur du monothéisme qui est la croyance en un dieu unique; le dieu du soleil.

• L'ankh était la croix originelle en Afrique.

SAVIEZ-VOUS QUE MAÂT AVEZ 42 COMMANDEMENTS ET QU'ELLE EST ORIGINAIRE D'AFRIQUE?

- Ces enseignements existaient 2000 ans avant les 10 commandements de Moise.
- Maât était une déesse.
- Elle est la fondatrice du judaïsme du christianisme de l'Islam et de beaucoup d'autres religions qui ont émergé depuis lors.

EST-CE IMPORTANT DE CONNAITRE SES RACINES ?

- Tout d'abord vous devez savoir que nous vivons dans un monde qui nous apprend les fausses doctrines sur la suprématie des blancs
- Les écoles du monde entier enseigne que dieu et Jésus sont blancs
- Les écoles, les médias et la société nous apprennent et promeuvent à tort que les blancs sont plus intelligents que les noirs et que les noirs n'étaient rien d'autres que des esclaves et non les pères fondateurs de la civilisation noire.
- La suprématie des blancs a été créée de toute pièce pour profiter aux gens de couleurs.

POURQUOI EST-IL IMPORTANT DE CONNAITRE LA VÈRITÈ CONCERNANT SES RACINES ?

- Une fois que vous serez conscient de cette fausse suprématie des blancs vous n'aurez plus une faible estime de vous.
- Vous serez plus confiant.
- Vous vous sentirez plus en sécurité et serez plus apte à aller vers le chemin du succès.

BEAUCOUP DE LEADER QUI ONT MARQUE L'HISTOIRE ONT COMBATTU LES NOIRS

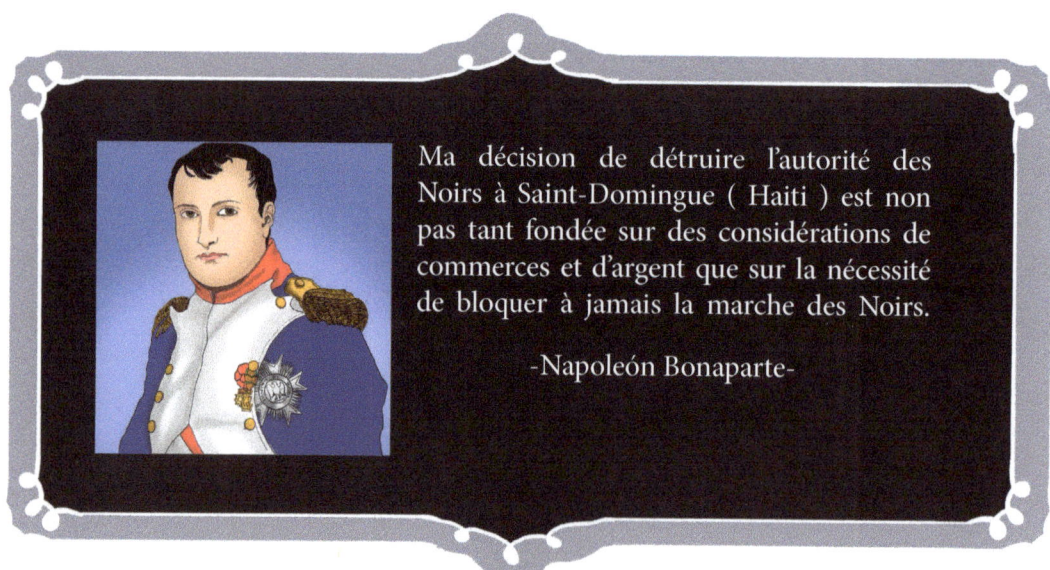

Ma décision de détruire l'autorité des Noirs à Saint-Domingue (Haiti) est non pas tant fondée sur des considérations de commerces et d'argent que sur la nécessité de bloquer à jamais la marche des Noirs.

-Napoleón Bonaparte-

- Avec cette publicité mensongère de la suprématie des blancs, certains pensent qu'ils seront plus acceptés s'ils tentent de devenir blancs.

LA RELIGION MODERNE A ETE CORROMPUE

- Beaucoup de blanc continuent à faire la discrimination des noirs et refusent d'accepter que l'Afrique soit le berceau des civilisations.

FAITES ATTENTION A L'ESCLAVAGE DANS LA TORAH!

- La bible des hébreux contient deux ensembles de règles concernant les esclaves : un ensemble pour les esclaves hébreux et un autre pour les esclaves cananéens. La source principale d'esclaves non hébreux étaient des prisonniers de guerre.
- Les esclaves hébreux contrairement aux non hébreux étaient esclaves à cause de leur extreme pauvreté (dans ce cas ils pouvaient se vendre a un propriétaire israélien) ou parce qu'ils ne pouvaient pas payer leur dettes. Il n'y a pas d'esclavages dans les commandements de Maat.

Sois conscient du plagiat du système spirituel africain

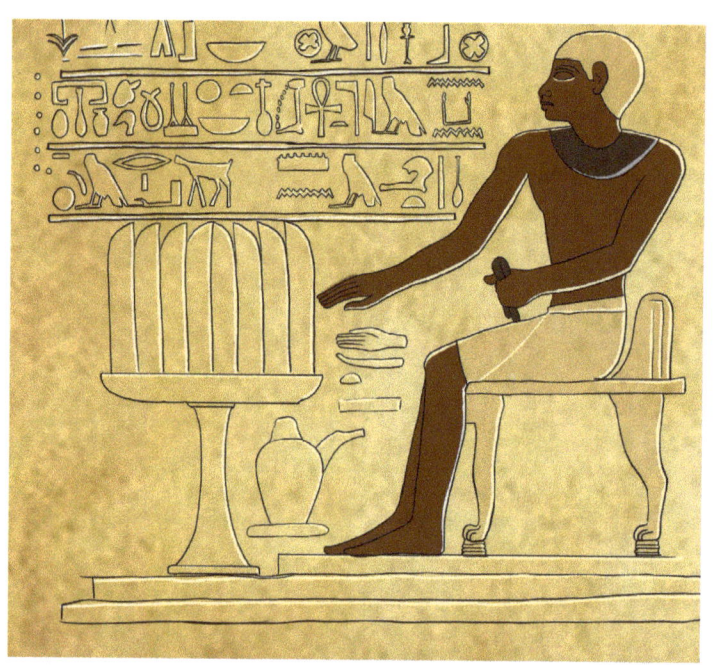

Le Pharaon Amenemhat 1er assis devant les bougies sacrées d'Amen-Ra.

Les bougies kwanzas sont la restauration moderne des bougies africaines d'Amen-Ra.

Les hébreux africains avaient les bougies d'Amen-Ra qu'on appelle bougies de Men-o-Ra.

- Beaucoup de chrétiens ont volés les terres d'indigènes et pratiquer l'esclavage et la colonisation des noirs. Ils ont aussi créé Jésus étant blanc.

SAVIEZ-VOUS QUE L'ESCLAVAGE EST MENTIONNE DANS LA BIBLE ?

- Ephesians 6:5 « ... Serviteurs obéissez à ceux qui sont vos maîtres selon la chair, avec crainte et tremblement, dans la simplicité de votre cœur, comme à Christ. non pas seulement sous leurs yeux, comme pour plaire aux hommes, mais comme des serviteurs de Christ, qui font de bon coeur la volonté de Dieu... »

SAVIEZ-VOUS QUE D'APRES L'ISLAM L'ESCLAVAGE EST AUTORISE ?

- Le prophète Mouhamed PSL avait des esclaves que sont : safia bint huyayy qu'il a libéré et épousé, maria al qivtivva que l'autorité sassanid lui a offert qu'il a libéré et aurait épousé, sirin la sœur de marie qu'il a libéré et donné en mariage au poete hassane bin thabit et zayd ibn harithat quil a libéré et adopté comme son fils.

Saviez vous que les extrémistes ont volé des terres d'africains et pratiqué l'esclavage moderne en Lybie contre les noirs ?

Est-ce important d'apprendre des lois de Maat ?

Dans le chapitre 125 du Papyrus d'Ani, nous avons trouvé une pétition conduite par Anubis dans duat et prononçant ses 42 commandements listés ci-dessous d'après la traduction des 42 principes divins de Maat :

- Je n'ai pas commis l'iniquité.
- Je n'ai pas brigandé.
- Je n'ai pas été cupide.
- Je n'ai pas dérobé.
- Je n'ai tué personne.
- Je n'ai pas diminué le boisseau.
- Je n'ai pas commis de forfaiture.
- Je n'ai pas volé les biens d'un dieu.
- Je n'ai pas dit de mensonges.
- Je n'ai pas dérobé de nourriture.
- Je n'ai pas été de mauvaise humeur.

Ankh
Symbole
de la Vie

EST-CE IMPORTANT D'APPRENDRE DES LOIS DE MAAT ?

- Je n'ai rien transgressé.
- Je n'ai pas tué d'animal sacré.
- Je n'ai pas fait d'accaparement de grains.
- Je n'ai pas volé de rations de pain.
- Je n'ai pas espionné.
- Je n'ai pas été bavard.
- Je ne me suis disputé que pour mes propres affaires.
- Je n'ai pas eu commerce avec une femme mariée.
- Je n'ai pas inspiré de crainte.
- Je n'ai rien transgressé.

EST-CE IMPORTANT D'APPRENDRE DES LOIS DE MAAT ?

- Je ne me suis pas emporté en paroles.
- Je n'ai pas été sourd aux paroles de vérité.
- Je n'ai pas été insolent.
- Je n'ai pas cligné de l'œil
- Je n'ai pas été dépravé, ni pédéraste.
- Je n'ai pas été faux.
- Je n'ai pas insulté.
- Je n'ai pas été brutal.
- Je n'ai pas été étourdi.

Est-ce important d'apprendre des lois de Maat ?

- Je n'ai pas transgressé ma condition et me suis élevé contre Dieu.
- Je n'ai pas haussé la voix en parlant.
- Je n'ai pas fait de mal.
- Je n'ai pas insulté le roi.
- Je ne suis pas allé sur l'eau (de quelqu'un).
- Je n'ai pas été bruyant.
- Je n'ai pas blasphémé Dieu.
- Je ne me suis pas donné de l'importance.
- Je n'ai d'exception en ma faveur.
- Je n'ai été riche que de mes biens.
- Je n'ai pas calomnié Dieu dans ma ville.

Comment avons-nous perdu ses enseignements ?

- Le changement de leadership et de vénération de amen au monothéisme par Akhenaton a affaibli l'empire kemet qui sera ensuite conquis.
- L'esclavage et la suprématie des blancs ont été instaurés dans le judaïsme, le christianisme et l'islam.
- L'esclavage n'existait pas dans Maât.
- A travers la colonisation.
- A travers la mauvaise éducation.

POURQUOI LES HOMMES NOIRS SE BATTENT CONTRE LES STEREOTYPES ?

- Sentiment de faiblesse ?
- Sentiment d'irresponsabilité ?
- Autres sentiments négatifs ?

L'ESCLAVAGE ET LA LETTRE DE WILLIE LYNCH

- Cette lettre infame souligne la pensée qui s'est installée pendant l'esclavage en Amérique et partout dans le monde
- Elle souligne comment les esclaves étaient « détruit chevronnés et conditionnés ».

Willie Lynch

- Les esclavagistes doivent développer une manière de détruire les esclaves.
- Il y avait trois composants à ce plan :
- La peur.
- La méfiance .
- L'envie.

LA PREMIERE STRATEGIE DE LYNCH : CREER LA DIVISION

- Peau clair vs peau sombre.
- Servants blancs contre servants noirs.
- Vieux contre jeunes.
- Homme contre femme.
- Nègre de champ contre nègre de maison.
- A la fin ils doivent tous aimer respecter et avoir confiance uniquement en leur maitre blanc.

La deuxieme strategie de Lynch : Rupture

- Pour débourrer un cheval il faut le réduire de son état naturel dans la nature.
- Il faut créer une situation de dépendance.
- Il ne faut pas leur donner des noms de personnes.
- Il faut les dépouiller de leur esprit et garder leur corps.

"LA DEUXIEME STRATEGIE DE LYNCH"

- Se concentrer sur les femmes et les enfants d'abord.
- Une mère protège naturellement son enfant.
- Une mère va éduquer son enfant de sorte a ce qu'il ait une longue vie.

"LA DEUXIEME STRATEGIE DE LYNCH"

- Prendre les esclaves les plus agités et réunir les autres pour qu'ils observent.
- Les déshabiller.
- Les couvrir de goudron et de plumes.
- Les bruler.
- Les tabasser.
- Ne pas les tuer.
- Cela va susciter la peur dans le cœur de ceux qui regardaient.

"LA DEUXIEME STRATEGIE DE LYNCH"

- Une mère ne voudra pas que son enfant soit le prochain à être torture de la sorte.
- Tu dois toujours tester les femmes pour être certain qu'elles se soumettront à toutes les exigences du maitre.
- Apprendre à la femme à ne pas faire confiance à l'homme et éduquer son enfant seule.

"La deuxieme strategie de Lynch"

- La femme esclave éduquera son fils pour qu'il soit fort physiquement mais faible mentalement (pour des raisons de sécurité).
- Ses filles seront éduquées pour faire la même chose qu'elle.
- Les femmes esclaves qui ne se soumettent pas devraient être battues a mort (ne pas les tuer car elles sont un investissement).
- Faire en sorte que les hommes soient loin de leur progéniture et de leur camarade femme.

"LA DEUXIEME STRATEGIE DE LYNCH"

- Ne jamais accepter qu'un esclave se marie ou fonde une famille.
- Ne pas se priver d'avoir des enfants avec lesnoires.

"La deuxieme strategie de Lynch"

- Créer une nouvelle langue car c'est important que les esclaves restent étrangers sur cette terre.
- Leur apprendre à parler noir pour qu'ils ne puissent pas communiquer avec le monde extérieur s'ils s'échappent .
- La société donne de la valeur a ceux qui jouissent d'une bonne réputation.

LA 3E STRATEGIE DE LYNCH : SYSTEME DE RECOMPENSE

- Demander au maitre de donner à l'esclave tout ce dont il a besoin pour survivre.
- Créer une hiérarchie basée sur la conformité avec la culture des esclaves.
- Récompenser ceux qui se soumettent ou punir ceux qui ne répondent pas aux attentes.

LA 3E STRATEGIE DE LYNCH : SYSTEME DE RECOMPENSE

- Faire en sorte que l'esclave soit prêt à abandonner sa nature humaine pour avoir une récompense.
- Toutes les décisions sont prises par le maitre.
- L'autorité du maitre est supérieure à celle des parents.

QUE SIGNIFIAIT L'EXPRESSION 10 PETITS NEGRES ?

- Une comptine raciste utilisée dans le passé en Angleterre pour apprendre aux enfants à compter.

Dix petits nègres s'en furent dîner,
L'un d'eux but à s'en étrangler
N'en resta plus que neuf

Neuf petits nègres se couchèrent à minuit,
L'un d'eux à jamais s'endormit
N'en resta plus que huit.

Huit petit nègres étaient allés dans le Devon,
L'un d'eux voulut y demeurer
N'en resta plus que sept.

Sept petit nègres fendirent du petit bois,
En deux l'un se coupa ma foi
N'en resta plus que six.

Six petits nègres rêvassaient au rucher,
Une abeille a piqué l'un d'eux, n'en reste plus
que cinq

Cinq petits nègres étaient avocats à la cour,
L'un d'eux finit en haute cour
N'en resta plus que quatre.

Quatre petits nègres se baignèrent au matin,
Poisson d'avril goba l'un
N'en resta plus que trois.

Trois petits nègres s'en allèrent au zoo,
Un ours de l'un fit la peau
N'en resta plus que deux.

Deux petits nègres se dorèrent au soleil,
L'un d'eux devint vermeil
N'en resta plus qu'un.

Un petit nègre se retrouva tout esseulé
Se pendre il s'en est allé
N'en resta plus... du tout.

C'est la raison pour laquelle le mot nègre ne doit jamais être utilisé car il été utilisé contre les noirs pendant des générations.

COMMENT DECONSTRUIRE L'HISTOIRE QUI NOUS MARQUE TOUJOURS AFIN DE DEVENIR UN NOIR ACCOMPLI ?

NOUS DEVONS NOUS AFFRANCHIR DE L'ESCLAVAGE DE NOS MENTALITES

"Nous allons nous émanciper de l'esclavage mental parce que si d'autres peuvent libérer le corps, personne d'autre que nous-mêmes ne peut libérer l'esprit. Le mental est votre seul dirigeant, souverain. L'homme qui n'est pas capable de développer et d'utiliser son esprit est condamné à être l'esclave de l'autre homme qui utilise son esprit."
-Marcus Garvey-

SUIVRE LES ENSEIGNEMENTS ORIGINELS DE MAAT ET LES 10 COMMANDEMENTS

Quels sont les 10 commandements ?

- Tu n'auras pas d'autres dieux que moi.
- Tu ne te feras point d'image taillée.
- Tu ne prendras point le nom de l'Eternel, ton Dieu, en vain.
- Souviens-toi du jour du repos, pour le sanctifier.
- Honore ton père et ta mère.
- Tu ne tueras point.
- Tu ne commettras point d'adultère.
- Tu ne déroberas point.
- Tu n'auras pas d'autres dieux que moi.
- Ce commandement exclut le polythéisme et insiste sur le monothéisme.

PRENEZ CONSCIENCE DU PREMIER COMMANDEMENT

• Ce commandement éloigne les noirs de l'image de vénération du dieu Osiris et de la déesse Isis de la grande civilisation africaine et la femme MAAT dont les lois ont rehaussé et respectées les femmes.

QUI SONT LES DIEUX QUE NOUS AVONS CONNU EN EGYPTE ANCIENNE ET KEMET ?

AUSAR

Osiris était l'une des plus importantes divinités. Il symbolisait aussi la mort, la résurrection et le cycle d'inondation du Nil dont le Kemet a besoin pour sa fertilité agricole.

D'après le mythe, Osiris (nom grec de Ausar) était un roi égyptien qui a été assassiné et démembré par son frère Seth. Son frère Isis (nom grec pour Auset) rassembla son corps et le ressuscita lui permettant de concevoir un fils, le dieu Horus (nom grec pour Heru).

Auset

Auset allaitant Horus, à côté d'Ausar

La femme dévouée qui a ressuscité Osiris et élevée son fils Horus, Isis symbolise les vertus d'une femme et d'une mère. Etant la femme du dieu, certaines croyances affirment que la représentation avec l'enfant Horus a influencé l'image chrétienne de Marie et de son fils Jesus.

HERU

Représenté comme un faucon ou comme l'homme avec la tête du faucon, HERU était un dieu du ciel associé à la guerre et à la chasse. Il était aussi l'incarnation divine de la royauté et dans certaine zone le roi était considéré comme étant une manifestation de HERU.

D'après l'histoire de AUSAR, Herus était le fils de AUSET et AUSAR conçu magiquement après le meurtre d'AUSAR par son frère SETH. HERU a été éduqué pour venger la mort de son père.

Ptah était à la tête d'une triade de dieux vénérés à Memphis. Les deux autres membres de la triade étaient la femme de Ptah, la déesse à la tête de lion SEKHMET, et le dieu Nefertoum, qui aurait été leur fils.

L'association première de Ptah semble être avec les artisans et les bâtisseurs. La 4eme génération d'architectes Imhotep a été déifié après sa mort comme étant le fils de Ptah.

Le dieu solaire Rê (Ra),
l'un des dieux créateurs de l'Égypte ancienne

L'un des multiples divinités associées au soleil, le dieu RA était représenté avec un corps humain et une tête de faucon. Il est dit qu'il navigué dans le ciel sur un bateau tous les jours et créait un passage avec l'autre monde tous les soirs pendant lesquels il aurait vaincu le dieu serpent Apophis pour émerger encore.

HATHOR

La déesse Hathor était souvent représentée par une femme avec de oreilles de vache. Hathor incarnait la maternité et la fertilité et il est dit qu'elle protégeait les femmes enceinte. Elle avait aussi un important aspect funéraire étant connue comme la femme de l'ouest.

(Les tombes étaient généralement construites à l'ouest du Nil) dans certaines traditions, elle accueillerait le couché du soleil tous les soirs, les personnes vivantes espéraient être accueillies de la même manière dans l'autre monde.

ANUBIS

Anubis pesant l'âme du scribe Ani

Anubis s'occupait des funérailles. Il était le plus souvent représentait par un chacal ou un homme avec une tête de chacal. L'association de la mort avec les chacals a probablement surgi parce que les Égyptiens auraient remarqué des chacals roder autour des cimetières.

THOTH

Toth, roi de l'écriture et de la sagesse, était représenté par une sorte de babouin ou un ibis sacré ou un homme avec la tête d'un ibis. Il est dit qu'il a inventé la langue et les hiéroglyphes et a servi de sbire et de conseiller pour les dieux. Etant le dieu de la sagesse, Toth aurait en sa possession des connaissances sur la magie et des secrets qui n'étaient pas accessibles aux autres dieux.

Amòn

AMUN était vénéré au sud de la cité de Thèbes. Il était un dieu de l'air et son nom signifie certainement « le caché ». Il était représenté par un homme portant une couronne avec deux plumes verticales.

Après que les dirigeants de Thèbes se soient rebellés contre une dynastie de dirigeants étrangers appelés les Hyksos et rétabli la règle égyptienne de base dans toute l'Egypte, Amon a reçu les crédits de leur victoire. Avec une sorte de fusion avec le dieu de soleil RA, il est devenu la plus puissance divinité en Egypte, une position qu'il a gardé dans tout le nouveau royaume.

Aujourd'hui le temple dédié à Amon RA a Karnak est le monument le plus visité d'Egypte.

POURQUOI EST-IL IMPORTANT DE SUIVRE MAAT ET SES 10 COMMANDEMENTS ?

• Si tout le monde suivait ces enseignements, les prisons seraient vides et tout le monde vivraient avec un esprit tranquille.

POURQUOI EST-CE IMPORTANT DE CHERCHE LE SAVOIR, LES CONNAISSANCES ?

- Un noir se rend fier en cherchant le savoir et l'éducation même s'il n'a pas beaucoup de moyen au début.
- N'aimez pas le fait d'être ignorant et ne pensez pas que c'est OK d'être illettré et de ne savoir qu'une seule chose c'est comment dribblé un ballon de basket tout seul. Il faut aussi apprendre le processus pour acquérir une franchise de ballon de basket.
- Le noir veut sans cesse être pris au sérieux.
- Suivez votre passion et soyez le meilleur et essayez de vous améliorer tous les jours. Continuez à avancer et à innover en essayant d'apporter une touche unique.

ENSEIGNEZ-LEUR PENDANT QU'ILS SONT JEUNES, CELA COMMENCE A LA MAISON AVEC QUI ILS SONT ET ELEVEZ-LES AVEC LA CONNAISSANCE DE SOI.

MALCOM X

POURQUOI EST CE IMPORTANT DE CREER SA RICHESSE?
AVOIR SON PROPRE BUSINESS?
INVESTIR?

- Un noir économise et investit son argent pour construire une fortune pour sa famille, il peut même se lancer dans l'entreprenariat. Il ne se vante pas de dépenser 1000 dollars en boite et jeter l'argent en l'air. Il ne dépend pas d'un salaire à venir.

- Un noir tend à devenir indépendant financièrement. Ne dépensez pas tout votre argent dès que vous le recevez. Ne laissez pas de dettes à vos enfants. Laissez-leur un héritage.

- Ouvrez un compte épargne et investissez dans une maison et dans l'immobilier.

- Investissez en bourse pour préparer votre retraite.

ENCOURAGEZ LES BUSINESS DANS VOTRE COMMUNAUTE

- Un noir doit soutenir et encourager son frère noir qui fait des affaires afin que ce dernier puisse créer des emplois pour les noirs.
- Ne soyez pas de ceux qui pensent que les affaires des noirs sont médiocres pour en parallèle dépenser tout votre argent sur des articles qui coutent chers et qui s'usent avec le temps.
- 2 milliards de dollar ont été dépensés dans AIR JORDAN récemment.
- Investissez dans votre éducation et dans des actifs comme une maison et des biens immobiliers.

CE N'EST PAS LE POUVOIR DES NOIRS

VOICI LE POUVOIR DES NOIRS

C'EST POURQUOI LES NOIRS N'ONT AUCUN POUVOIR !!

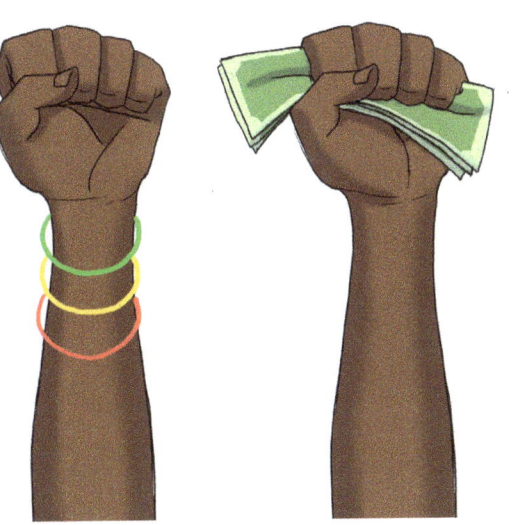

ENTREPRISES DES NOIRS

LES CHOSES QUE VOUS DEVEZ FORCEMENT ESSAYER DE FAIRE

• Avoir un diplôme ce qui réduit les chances de chômer et vous assure une fortune importante.

• Les diplômés ont plus de chance d'avoir de l'argent et de profiterde leur vie.

LES CHOSES QUE VOUS DEVEZ FORCEMENT ESSAYER DE FAIRE

- Mariez-vous après au moins 3 ans de relation.
- Cela vous permettra d'être sûr de bien vous connaitre et vous permettra aussi de bâtir votre foyer sur des bases solides.
- Mariez vous avant d'avoir des enfants.
- Evitez de divorcer.
- Le divorce peut vous faire perdre la moitié de votre fortune ainsi que la garde de vos enfants.

Le mariage et l'éducation sont deux facteurs qui réduisent la pauvreté au états unis.

Soutenez votre famille et vos enfants

- Un homme noir prend soin des ses enfants en leur donnant l'amour et le soutien dont ils ont besoin.
- N'abandonnez pas vos enfants.
- Planifiez le futur de vos enfants.
- Souscrivez à une assurance vie pour vos enfants.
- Débuter un plan de frais de scolarité admissibles 529k.
- Débuter votre plan de retraite Roth 401k.

Ne sombrer pas dans la drogue!

Les conséquences de l'overdose :

- Addiction, mauvaise hygiène de vie, mauvais comportements.
- Vies sociale et professionnelle altérées.
- Problèmes avec la justice.
- Problèmes financiers.
- Possibilité de sombrer dans des activités criminelles ou de finir incarcérer.

ÉVITEZ L'INCARCÉRATION

- Un noir doit vivre une vie productive et éviter d'aller en prison
- La prison rend l'employabilité plus difficile. Si jamais vous avez fait la prison, utilisez votre expérience pour avoir une chance de vous repentir et une opportunité pour aider les jeunes à apprendre de leurs erreurs.
- Allez en prison n'est pas une fierté.
- Apprenez de vos erreurs.
- Ne causez pas la faillite de vos parents en leur faisant payer des milliers de dollars pour vous sortir de prison pour un crime que vous n'auriez pas dû commettre.

ÉVITEZ L'INCARCÉRATION

- La peine des noirs et 10% plus longues que celle des blancs.
- 13% des noirs américains ne peuvent pas voter parce qu'ils ontété condamnés.
- Le salaire d'un ex-détenu noir est 21% plus bas que celui du blanc.

ÉVITEZ L'INCARCÉRATION

FIGURE 10.

Effet de l'incarcération des mineurs sur la probabilité d'obtenir un diplôme d'études secondaires et l'emprisonnement des adultes.

L'incarcération des mineurs réduit la probabilité d'obtenir un diplôme d'études secondaires de plus de 13 points de pourcentage et augmente la probabilité de retourner en prison à l'âge adulte de plus de 22 points de pourcentage, par rapport aux délinquants juvéniles non poursuivis.

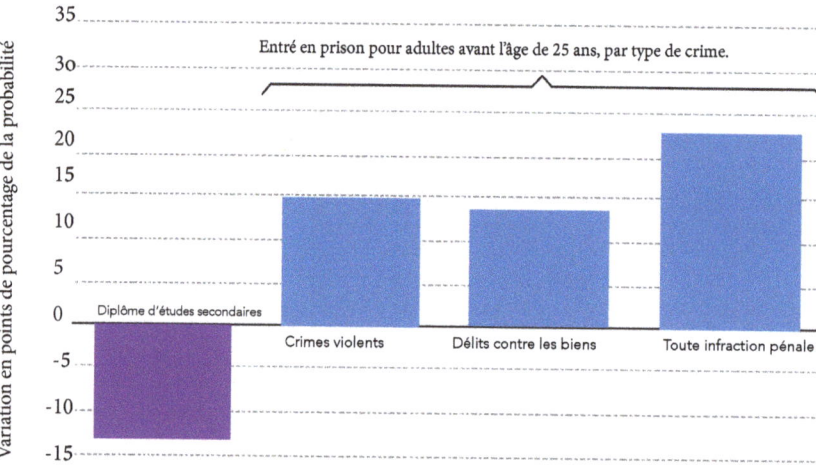

Source : Aizer et Doyle 2013,
Note : Les barres indiquent les estimations de régression statistiquement significatives de l'effet causal de l'incarcération des mineurs sur l'achèvement des études secondaires et sur la récidive des adultes. la récidive des adultes. Pour plus de détails, voir l'annexe technique

EVITEZ L'INCARCÈRATION

- Un casier judiciaire réduit de 50% les probabilités d'être rappelé par un potentiel recruteur ou d'avoir une offre d'emploi. L'aspect négatif d'avoir un casier judiciaire est deux fois plus importants pour le noir que pour le blanc.
- Les maladies infectieuses sont très présentes dans les établissements pénitenciers : 15% des détenus et 22% des prisonniers -comparé à 5% de la population non incarnée- ont indiqué avoir eu la tuberculose, l'hépatite B et C, le VIH SIDA ou d'autres MST.

RESPECTEZ LES FEMMES ET VOS MÈRES

- Un homme noir est discipliné qu'en à ses choix sexuels.
- C'est naturel d'aimer les femmes.
- Un vrai homme respecte les femmes.
- N'ayez pas un troupeau de femmes.
- Soyez conscient de votre statut de séropositif.

-Malcolm X-

"L'HOMME NOIR N'OBTIENDRA JAMAIS LE RESPECT DE PERSONNE TANT QU'IL N'AURA PAS APPRIS À RESPECTER SES PROPRES FEMMES"

Boom. Mais surtout, beaucoup d'entre eux on besoin de créer cet environnement pour être respecté.

APPRENEZ DE VOS ERREURS

- Un noir malgré ses erreurs tend à grandir et à devenir plus responsable.
- Ne vivez pas sous le toit de votre mère et vouloir qu'on prenne soin de vos enfants.
- Ne jouez pas aux jeux vidéo sur le canapé jusqu'à vos 40 ans.

PROTEGEZ LEGALEMENT VOTRE COMMUNAUTE

- Un noir est prêt à prendre les armes pour défendre sa communauté et sa famille.
- Ne prenez pas les armes pour tuer votre frère noir.
- Ne vous battez pas pour des futilités.

BATTEZ-VOUS CONTRE LE RACISME

- Le fait d'être noir n'enlève en rien votre condition humaine.
- Battez vous contre le racisme, protégez votre famille et votre communauté.
- Ne restez pas silencieux en pensant que le noir que je viens de décrire essaye d'être blanc.

NOUS VIVONS DANS UN MONDE CAPITALISTE

- Être le propriétaire du business, de la terre et de la maison vous rend plus accompli.
- Être le propriétaire ne vous rendra pas accompli tant que vous n'aurez pas les compétences requises.

ESSAYEZ D'EVITER LA POLICE ET OBÈISSEZ A LEURS ORDRES POUR SURVIVRE

RIME DE LA MATERNELLE PAR UN DE MES MENTORS

Dr. Gerald Deas

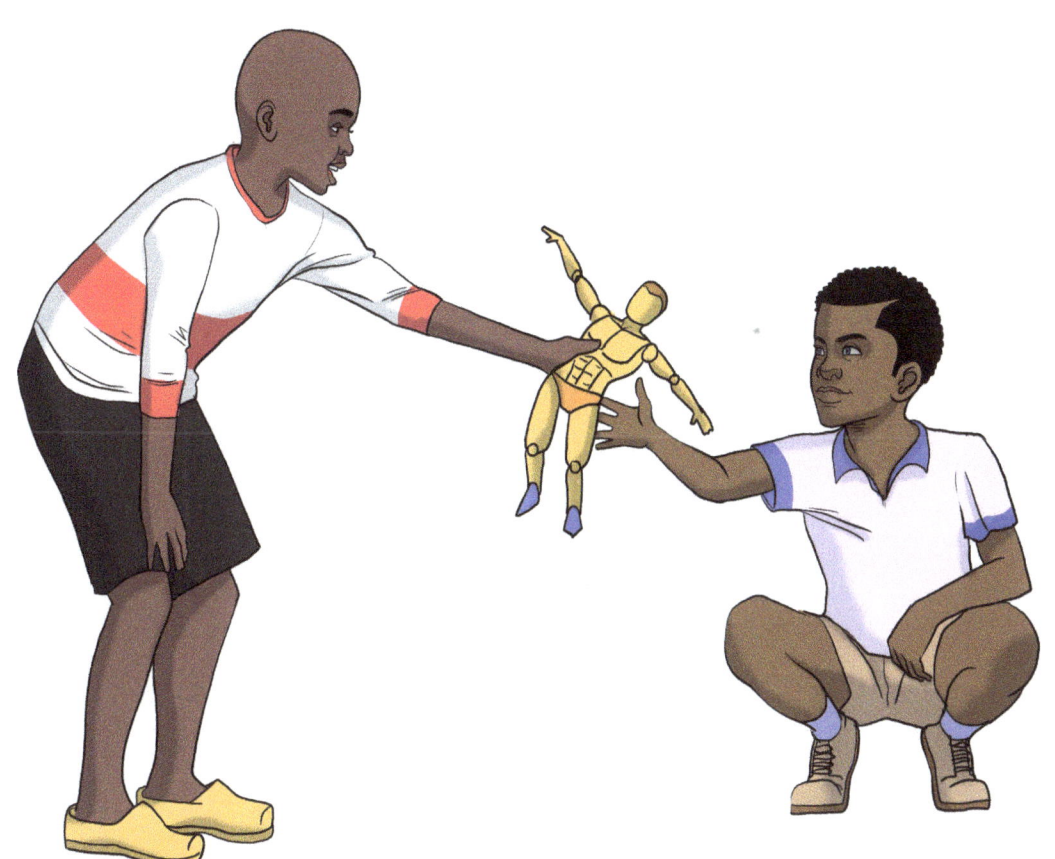

• Un petit garçon noir était aimé il grandit partagea avec un autre il devinrent deux.

• Deux petits garçons noirs apprirent a tombé
d'accord ; avec l'aide d'un autre ils devinrent trois.

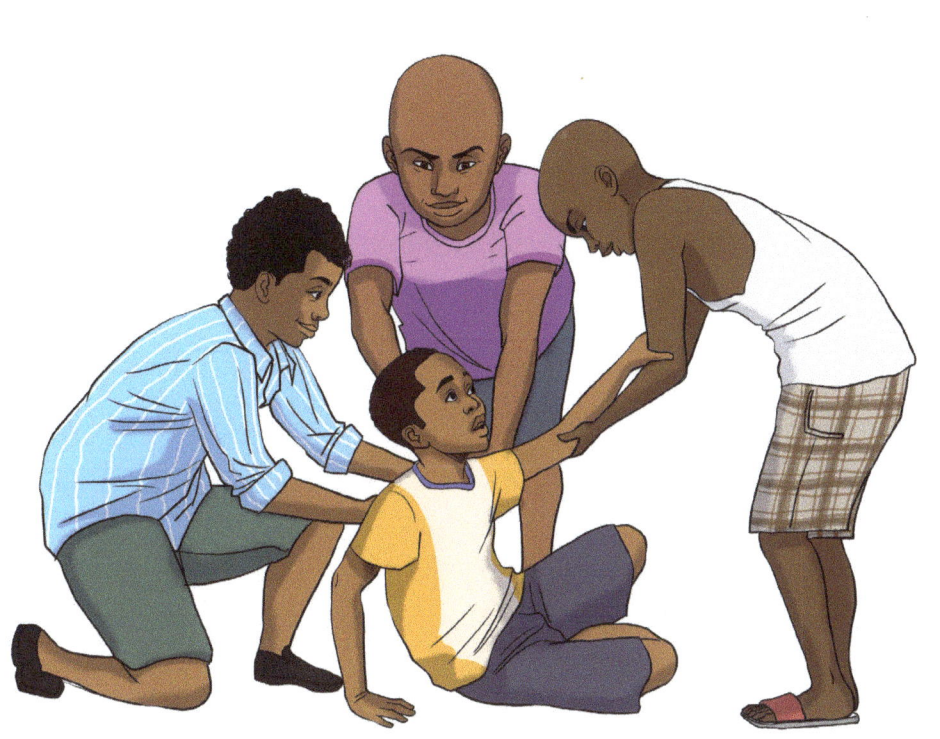

• Trois adolescents noirs apprirent à faire beaucoup plus ils aidèrent un qui était tombé et devinrent quatre.

- Quatre jeunes hommes noirs apprirent a survivre ils se prirent par la main et devinrent CINQ.

- Cinq jeunes hommes noirs construisirent avec un mortier et des briques ils encouragèrent un autre bâtisseur et devinrent SIX.

- Six frères noirs connurent l'enfer du paradis ils devinrent SEPT quand un autre frère les joignit.

• Sept élèves noirs apprirent à toujours arriver à l'heure un frère sérieux les suivit ils devinrent HUIT.

• Huit hommes noirs devinrent forts avec le temps ils s'unir avec un autre et devinrent NEUF.

• Neuf petits garçons noirs devinrent des hommes forts ils cherchèrent un leader et devinrent DIX.

• Dix petits garçons noirs ne sont pas nombreux :
Devenir des hommes et femmes fortes dépend de vous.

MERCI POUR VOTRE TEMPS ET VOTRE SOUTIEN!

Ceci est la première édition. Si vous avez des commentaires ou critiques à faire pour améliorer ce livre se serait un immense plaisir de les recevoir.
Vous pouvez m'envoyer un mail au dlarochemed@aol.com
Si vous aimez ce livre et voudrait le sponsoriser pour que d'autre jeune puisse l'avoir envoyez-moi votre contribution via paypal à dlarochemd@aol.com.
Merci.

LECTURES COMPLEMENTAIRES SUGGEREES

- Les Noirs dans la science : Anciens et modernes, par Ivan Van Sertima
- Christophe Colomb et l'holocauste afrikaner : L'esclavage et la montée du capitalisme Capitalisme européen, par le Dr John Henrik Clarke
- Les enseignements de Ptahhotep : Le plus vieux livre du monde, par le Dr Asa G. Hilliard III, Larry Williams
- Marcus Garvey et la vision de l'Afrique, por Dr. John Henrik Clarke
- Ils sont venus avant Colomb : La présence africaine dans l'Amérique ancienne (Journal of African Civilization) African Civilization), por Ivan Van Sertima
- 7 Petits mensonges blancs : The Conspiracy to Destroy the Black Self-Image (La conspiration visant à détruire l'image que les Noirs ont d'eux-mêmes), por M. Jabari G. Osaze
- Les papiers d'Isis : Les clés des couleurs, par le Dr Frances Cress Welsing
- Chronique des pharaons : L'enregistrement règne par règne des souverains et des dynasties de l'Égypte ancienne avec 350 illustrations 130. l'Égypte ancienne avec 350 illustrations 130 en couleur, par Peter A. Clayton
- Philosophie et opinions de Marcus Garvey, par Marcus Garvey
- L'Autobiographie de Malcolm X, por Alex Haley y Malcolm X

DISCUSSION QUESTIONS

1. Après avoir lu ce livre, comment pensez-vous que vous allez naviguer dans la vie différemment?

2. Si vous utilisez occasionnellement le mot "N", que pensez-vous de l'utiliser maintenant, après avoir lu ce livre ?

3. Votre estime de soi a-t-elle changé après avoir lu ce livre ? Si oui, comment ?

4. Comment les principes divins du MAAT se comparent-ils aux 10 commandements ? Quelles sont vos pensées sur leurs similitudes ?

5. Que pouvez-vous faire aujourd'hui pour changer les stéréotypes négatifs sur les hommes noirs ?

6. Quels ont été les impacts résiduels de l'esclavage sur les hommes noirs d'aujourd'hui ?

7. Comment allez-vous faire profiter votre communauté des leçons apprises dans ce livre ?

8. Avez-vous une idée d'entreprise qui pourrait créer de la richesse dans la communauté noire ? Si c'est le cas, veuillez la partager. De quelles ressources pensez-vous avoir besoin pour lancer votre entreprise ?

9. Selon vous, quel rôle l'éducation jouera-t-elle pour changer la trajectoire des hommes noirs ? hommes noirs ?

10. Maintenant que la marijuana est légalisée, comment pensez-vous que l'usage non médical aura un impact sur la communauté noire ? Sur la communauté noire ? Voyez-vous cela comme une opportunité ou comme un moyen supplémentaire pour un autre groupe de personnes de profiter de la situation actuelle ?
pour un autre groupe de personnes de profiter de la communauté noire ?

11. Avez-vous un ami avec qui vous voudriez partager ce livre ? Si oui, pourquoi ?